Peppa™

¡Diviértete con Peppa!

¡George empieza el cole!

Beascoa

Hoy es el primer día que George va a la escuela.

-¿No es demasiado pequeño? -pregunta Peppa.

-Puedes cuidar de él -responde Papá Pig.

Peppa no está segura de querer que George vaya a la misma escuela que ella, pero le gusta la idea de cuidarlo.

-¿Crees que le gustará?

-pregunta Peppa cuando llegan.

-Sí, estará bien -responde Papá Pig.

-Entonces, puede venir -dice Peppa.

Y coge a George de la mano.

-¡Oinc! ¡Oinc! -gruñe George, dando saltitos.

Madame Gazelle es la profesora de Peppa y sus amigos. Hoy les explica que George jugará con ellos.

Los niños están muy contentos. Por fin conocerán al hermano pequeño de Peppa.

-Os presento a George -dice Peppa.

-¡Dinosaio, grrr! -ruge George.

-¡Ji, ji, ji! -ríen todos.

-Me encantaría tener un hermano pequeño como George -dice Suzy.

1.25
1
0.75
0.5
0.25

D
E

George le enseña el Sr. Dinosaurio
a Madame Gazelle.
-¡Dinosaio, grrr!
-¡Ah! ¡Qué miedo! -bromea Madame Gazelle.
Peppa está orgullosa de que George
haga reír a todos.

-¿Por qué no enseñamos
a George a dibujar?
-pregunta Madame Gazelle
a los niños.

-A George no se le da muy bien -dice Peppa-, pero puedo intentar enseñarle a dibujar una flor.

—Fíjate en mí, George —dice Peppa—.
Primero, dibujas un círculo grande.

Con cuidado, Peppa moja su pincel en un bote de pintura rosa y dibuja un gran círculo rosa.

5
25

George dibuja un gran círculo verde.

-No, George. No es el color correcto

-le advierte Peppa-. Mírame.

Peppa dibuja pétalos. George dibuja un zigzag.

-¡George! Esta no es la forma correcta -dice ella.

Peppa admira su dibujo de la flor.

-Perfecto -dice satisfecha.

George sigue dibujando. En lugar del tallo y las hojas, ha dibujado otro círculo con cinco líneas que salen de él.

-¡Lo estás haciendo todo mal! -dice Peppa.

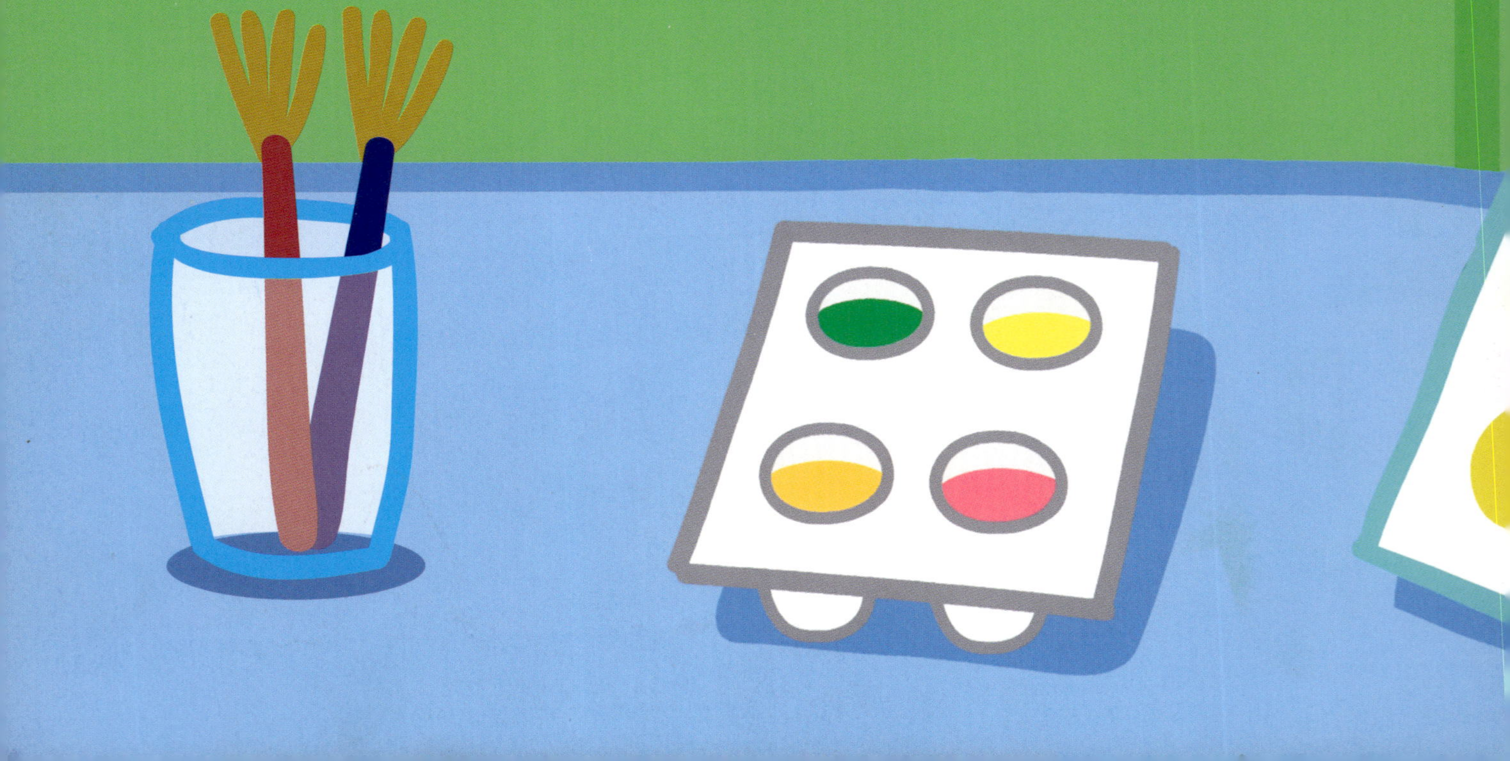

-He terminado -dice Peppa.

-Muy bien, Peppa -sonríe Madame Gazelle-.
Y mira, George ha dibujado un dinosaurio.

Madame Gazelle pega los dibujos
de Peppa y George en la pared.

Ya es hora de volver a casa.

-¿Qué dibujarás el próximo día, George?

-pregunta Madame Gazelle.

-¡Dinosaio! ¡Grrr! -ruge George.

-¡Ji, ji, ji! -ríen todos.

1.25
1
0.75
0.5
0.25
123
A
B
C
2
3